Tadpole Books are published by Jump!, 5357 Penn Avenue South, Minneapolis, MN 55419, www.jumplibrary.com

Editor: Jenna Trnka **Designer:** Anna Peterson **Translator:** Annette Granat

Photo Credits: Ariel Skelley/Getty, cover (foreground); LilKar/Shutterstock, cover (background); ronstik/iStock, 1; Milosz_G/Shutterstock, 2–3, 16bm; XiXinXing/iStock, 4–5 (foreground), 14–15, 16tr, 16bl; trendobjects/iStock, 4–5 (background), 16tr; brainmaster/Getty, brainmaster/iStock, Vitalina/iStock, loops7/iStock, 6–7; ChristopherBernard/iStock, 8–9, 16tm; Hayri Er/iStock, 10–11, 16tl; Alexander_Safonov/iStock, 12–13, 16br.

Library of Congress Cataloging-in-Publication Data
Names: Kenan, Tessa, author.
Title: Nevado / por Tessa Kenan.
Other titles: Snowy. Spanish
Description: Tadpole (edition). | Minneapolis, MN : Jump!, Inc., 2018. | Series: Informe del tiempo | Includes index.
Identifiers: LCCN 2018010725 (print) | LCCN 2018012788 (ebook) | ISBN 9781641280778 (ebook) | ISBN 9781641280761 (hardcover : alk. paper)
Subjects: LCSH: Snow—Juvenile literature. | Weather—Juvenile literature. Classification: LCC QC926.37 (ebook) | LCC QC926.37 .K4618 2018 (print) | DDC 551.57/84—dc23
LC record available at https://lccn.loc.gov/2018010725

INFORME DEL TIEMPO

NEVADO

por Tessa Kenan

TABLA DE CONTENIDO

tadpole books

NEVADO

Hace frío.

Está nublado.

¡Está nevando!

Mira los copos de nieve.

Cada uno es diferente.

¡Bonitos!

Están congelados.

¡Siente qué fríos están!

Cuenta los brazos.

Son seis.

Está nevando más.

Quitamos la nieve con una pala.

Jugamos en la nieve.

¡Es divertido!

REPASO DE PALABRAS

brazos

congelados

copos de

jugamos

nublado

pala

ÍNDICE